아쿠아리움의 쏠배감펭

아쿠아리움의 쏠배감펭

이 장 영

도서출판 교원사

차례

제1부

11 / 우리는 지금 바다로 간다
12 / 餘滴
13 / 백정의 친구
15 / 여름의 끝
16 / 악몽
17 / 뚝방의 전설
18 / 모래의 아이들
19 / 밋밋한 시
20 / 休火山
21 / THE HYUNDAE SEOUL
22 / 숨은벽 능선
23 / 여름의 약속
24 / 存在의 無
25 / 지하철 서정 1
27 / 지하철 서정 2
29 / 지하철 서정 3
30 / 지하철 서정 4
32 / 月精寺, 寂光殿에서
34 / 山
35 / 뚝과 강
37 / 빛 속에 진리가 있다고 말할 수 있을까?

38 / 바다의 입술
39 / 경마장 가는 길
40 / 내가 아닌 말

제2부

43 / 낯선 육체
44 / 여름 그리고 여자
45 / 도시를 바라보며
46 / 변신
47 / 신도림역에서
48 / Trebilcock의 illusion
50 / 游泳
51 / 물의 사랑
52 / 우리의 걸음 속에 시간이 흐른다
54 / 썰물의 순례
56 / 빈 강, 빈 들녘
57 / 문을 열고 사람들이 들어온다
58 / 라일락 향기는 밤바람에 날리고
59 / 플라스틱 지뢰
60 / 아쿠아리움의 쏠배감펭
61 / 신갈나무
62 / 밤이면 그들은
64 / 공룡의 사랑
65 / 당산철교

66 / 도시의 어둠
68 / 5월의 빛
70 / 염전에서
71 / 청춘의 이름들
73 / Beeper and Love

제3부

77 / 싸움의 끝
78 / 안개바다
80 / 달과 여인
81 / 국립도서관
82 / 잠에서 깨어나면
83 / 꽃이 전하는 말
84 / 한 순간
85 / 너를 느끼며
86 / 傳說
87 / 4월
88 / 너를 기다리는 동안
89 / 혼돈의 끝
90 / 우울한 겨울비
91 / Odyssey 2021
92 / 이 시대의 사랑

93 / 도시철도 1999
94 / 밤비

제4부

97 / Y의 삶에 대한 테제(These)
99 / 4월의 바람
100 / 말테의 거리
101 / 바다
103 / 자가용족
104 / 투쟁
106 / 서늘한 여름
108 / 길
110 / 출신
111 / 개의 죽음
113 / 선, 너에게
114 / 퇴근길
115 / 꽃밭의 동경
116 / 여름의 기억
117 / 海松
119 / 달
121 / 낙타에게

제1부

우리는 지금 바다로 간다

머뭇거릴 틈도 없이
바다에서 불어온 바람이 머리카락을 헤집는다
과거의 시간과 뒤엉킨 기억의 고리들이
바닷바람과 함께 보란듯이 모래밭에 나뒹군다
하늘을 나는 갈매기들만 하염없이
낮게 깔린 뭉게구름 위로
경로 없는 비행을 한다
기하학적 무늬 속에 그려지는 無의 시간들
이곳에 너는 없다
그리고 나도 없다
아무도 우리를 찾을 수 없다
우리가 가진 건 오직 廢墟의 흔적 뿐…….

餘滴

바람이

창문 밖 산마루에서 불어오는 날

투명한 햇살의 웃음 속에서

새날이 새롭게 꿈틀거린다

인적 드문 산등성이

굴참나무 그늘에서 놀던 바람은

어디에도 머물지 않고 청설모 마냥

솔향기를 내뿜으며 사라진다

생과 사의 갈림길에서 오가던

절망은 잠시 고개를 쳐들다

일어선 환한 빛 속으로 묻히고

영혼의 산울림이

쩌렁쩌렁 울리며 계곡 언저리로 사라진다

백정의 친구

흰색 유니폼을 입고 칼을 휘두르며

분주하게 이리저리 움직이는

너를 만나러, 지하철을 타고

예술의 전당으로 간다

날씨는 흐리고

사람들의 표정은 굳어 있다

나는 너를 향해 다가간다

희뿌연 안개가 낮게 깔린

보도 블럭을 지나, 초록색 신호등이

깜박거리는 횡단보도를 건너,

너를 향해 미친듯이 달려간다

하지만 나는 너를

먼발치서 바라보기만 한다

너에게선 예술의 냄새도, 따뜻한 온정의 손길도 없다

너는 이미 무겁게 짓눌린

일상의 職人이 되어 도시의 찌든 공기를

애무하고 있다

무섭게 허공을 가르는 칼에선

울부짖는 소들의 울음소리가

그림 속을 뚫고 들려왔다

여름의 끝

지나간 여름이 아름다웠다고 내게 말하지 마라
시간이 서둘러 지나갔다고도 말하지 마라
여름은 여름의 기억을 가지고 있을 뿐
봄도 아니고 가을도 아니다
더더욱 겨울은 아니다
불타오르는 붉은 태양 속에 네가 있었다고
푸른 파도의 포말泡沫 속에 네가 있었다고
내게 말하지 마라
나는 나의 여름을 가지고 있었을 뿐
미지근한 열기와 축 늘어진 오후의 나른함
그것이 내가 간직하는 여름의 이름이다

악몽

밤마다 악몽을 꾸는 날들이 많아지고 있다

가위눌리며 헛소리를 한다

(아니 그것은 헛소리가 아니다)

누군가 듣고 있을 그 의미 없는 소리를 뇌까린다

(쥐새끼가 듣고 있을까)

십년이라는 세월이 흔적도 없이 사라져버렸다

(아니 어쩌면 이십 년인지도 모른다)

내가 거쳐간 수많은 길들

아무 생각없이 드나들었던 오래된 건물 계단

바람에 흔들리던 커튼 사이로 몰래

창밖을 내다보던 불안한 눈길들

모든 것들이 사라져버려

아무것도 그 아무것도 남아있지 않다

뚝방의 전설

아이는 어둠이 내리고
별이 하나 둘 나타나기 시작하면
뚝으로 간다
뾰족한 담 창살 사이로 보던
작은 별들을 더 잘 보기 위해
저 밑으로 강물이 조용히 흐르는
뚝으로 올라선다
별 하나에 꿈과 별 하나에
막연한 미래에 대한 동경을 품고
뚝방의 바람을 가르며 뜀박질을 한다
한 낮의 열기와 어른들의 꾸짖음과 훈계는
깨끗이 잊은 지 오래다
유유히 흐르는 강과 광활한 벌판은
어머니의 품처럼 포근하기만 하다

모래의 아이들

해가 지고 구름 사이로

보름달이 뜨면 이불 속에 누워있던

동네 아이들이 슬그머니 일어나

문 밖으로 나온다

짙게 깔린 안개가 덮인

뚝 너머 모래밭이 아이들을 기다린다

하나 둘 모여드는 동네 아이들

이제 축제의 시작이다

어둠 속에서 땔감을 주워 와 불을 피우면

한낮의 열기가 되살아난다

안양천에서는

공장에서 버린 폐수의 역겨운 냄새와 함께

모락모락 김이 피어 오른다

그래도 아이들은 어른들이 곤히 잠든

이 은밀한 시간이 너무 즐겁기만 하다

새벽은 깊고 달이 구름 사이로 사라진다

밋밋한 시

밋밋한 시를
읽는다!

삶도, 고통도, 철학도
아무것도 없는

맹탕인 시를
아무 생각없이 읽는다

休火山

켜켜히 쌓여진 저 지하에

먼지처럼 두텁게 묵힌

용암 덩어리를 보라

그것은 순간순간 평안을 깨뜨리는

낯선 그림과 익숙하지 않은 몸짓으로

우리의 시간을 짓눌러 온다

수많은 고뇌의 시간들

차라리 이 순간이

죽음이었다면 쉽게 승복했을 텐데!

화산의 불길이 또다시 타오른다

영원히 멈추지 않는 바람의 숨결처럼

잠들지 않고, 수만 번 밀려왔다 밀려가는

파도로 신경을 건드린다

역사여 너는 알리라!

THE HYUNDAE SEOUL

저 많은 인파는 3월의 월요일에도

어디서 온 것일까?

이렇게 온 세계에서 코로나 바이러스로

사람들이 죽어가는데, 화려한 옷과

행복한 표정으로 무장한 사람들이

줄을 지어 에스컬레이터를 오르고 있다

억눌렸던 시간들이 폭발하듯

한꺼번에 터져 나온다

여의도에 넘쳐나는 욕망의 공룡들,

개미들, 얼굴에 웃음을 가득

머금고 봄나들이를 즐긴다

봄꽃을 즐긴다! 나는 아직 살아있다!

봄빛을 즐긴다! 나의 살아있는

태양을 즐긴다! 시간들이여!

존재들이여!

숨은벽 능선

한 번도 가지 않은 낯선 산길을
오르는 발걸음에 힘이 실린다
뜨거운 여름의 열기 속에서
훅훅 팽팽해진 삶이 치밀고 들어온다
붉어진 얼굴에 송글송글
땀방울이 맺히면 서둘러
닦아내기가 바쁘다 북한산 숨은벽 능선에 서자
거친 숨 고르기 속에
늘어진 삶이 活魚처럼 파닥파닥거린다
처음 보는 풍경은 지루함에 지쳐버린
눈을 헹구고 맑은 정신을 일깨운다
나는 산속에서 영혼의 자유를 느낀다
짜릿한 아찔함은 바위 능선이 주는
선물이다 내가 여기에 있다
아직 이렇게 살아있음을…….
生과 死의 거리는 한 치도 안된다는 것을

여름의 약속

지나간 봄과 다가올 가을, 겨울은
내 약속에 포함되어 있지 않다
네가 아는 것은 다만 나의 껍데기일 뿐
그 긴 시간과 공간 속에서
우리가 나누었던 독백과 대화는
거친 꿈속의 허상이었을 뿐
그 어느 것 하나 진실의 말일 수는 없다
싱그런 나뭇가지에 매달린 잎사귀처럼
찬란한 빛 속에 반짝일 때
너는 비로소 네 자리를 찾아간다
나에게 오는 길은 오로지 네가 만드는 것
혼자서 아무리 중얼거린 듯
무슨 의미가 있겠니, 속삭이지 말고
바람처럼 조용히 오렴, 천천히 그저 천천히
서두르지 말고

存在의 無

아무런 의미도 없는 그 움직임들

그러나 동시에 그건 모든 것을 의미한다

온전한 삶과 삶을 이해할 수 있는 온전한 길이

내 등뒤에서 닫혀버린 후

나는 그 누구도 아니었다. 그리고

나는 아무것도 아닌 존재로 변해갔다

아니, 오히려 나는 태초에

나를 이루었던 원초적 물질로 변해갔다

어디선가 가물거리는

나의 의식을 향해 소리가 들려왔다

숨이 끊어지도록 헤엄을 쳐봐

네가 영원히 안전할 수 있는

유일한 해안을 향해

지하철 서정 1

바람의 한 무더기가

치맛자락을 헤치며 가냘픈 다리를 간질인다

수십 미터 끝도 없는 지하에서

숨을 헐떡이며 떠오르는

모습 속에는

차가운 형상이 머물고

내려선 그곳엔

군상이 모여서 움직인다

시간은 멈추어 흐를 줄 모르고

뜨거운 공기만이 목덜미를 간질이며

다가선다

언제쯤 지하철이 들어오는 것일까

커다란 입을 삼킬 듯이 드러낸

구멍 속에는 빛 하나 걸리지 않고

녹색 신호등만이 빛을 발한다

기다림 속에 축축이 젖어드는

타인들의 눈빛 속에

발길 돌린 침묵만이 계단에 부딪히며

흔들리고 있다

지하철 서정 2

이곳의 깊이 만큼이나
시간은 고인 채
흐를 수 없는 돌이 되었다

지상의 빛나던 태양의 입술이
어둠에 익숙한 눈빛으로
물들어 갈 때
바람과 함께 흘러갔던
그 순간이 돌아오고 있다

언제나 뒤돌아 선 목덜미 만큼이나
따스한 입김을 간직하던
우리들의 가슴 속에는
무겁게 자리한 어둠의 깊이처럼
침묵이 고인다

지상의 시간이 고이는 이곳에

흔들리지 않는 바람꽃이

모래에 묻혀

가물거리는 터널 속을 바라보고 있다

지하철 서정 3

저렇게 아득한 곳에

내 그대의 사랑을 심어 놓았다니

아! 나는 어느새 혼자가 되는구나

차갑게 일렁거리던

한강 둔치의 성난 강물도

이제는 어둠 속 터널 속을 꿰뚫고 사라지는

바퀴에 묻혀 희미해지고

나의 혼미한 기억 속으로

투명한 눈망울만이 흔들리는구나

철교를 건너던

우리들 두터운 삶의 무게

그 질량만큼이나 힘겨운

하오의 숨죽임들이

에스컬레이터 계단에 엎드려 내려온다

지하철 서정 4

어둠이 갇혔다

내 몸 속에 자리한 욕망은

어디에 잠든 것일까?

계단을 밟고 내려서는

世人들의 눈빛이 투명한

판유리에 걸려있다

빨강, 노랑, 초록의 어울림

빛은 어느새 추억이 되었다

쓰러져 드러눕고

계단의 높이에 천천히 쌓이는

사람들의 체온

싸늘히 식어 동굴을 헤맨다

그 어느 때일까?

닥쳐올지 모르는 몰락의 두려움

불어오는 강바람에 몸을 떨며

땅의 그리움을 새기는

시민들의 가슴속에는

이 하늘이 너무 파랗기만 하다

月精寺, 寂光殿에서

겨울비 내리는 주문진 항, 이른 아침 빗발이 거세다
허름한 여관방에서 보낸 밤, 거센 바닷바람 소리에 몸을
뒤척이다 잠이 들었다. 잠은 오래 묵은 포도주처럼 깊고 달콤했다

연곡에서 오대산으로 향하는 6번 국도,
차가 산을 오르면서 비가 눈으로 바뀐다
스노우 체인이 없는 차들은 고개에서
헛바퀴를 돌며 힘없이 스르르 미끄러진다
체인을 파는 트럭이 연신 고개를 오르내리고 있다
왠지 씁쓸하다. 어디서나 요오드 포름 냄새가 아닌,
역겨운 돈 냄새가 난다
가파른 고개를 오르는 동안
와이퍼는 쉴 새 없이 몰려드는 진눈깨비를 닦아내고
내 신경은 온통 곤두서 있다

영산(靈山), 오대산(五臺山)
네가 그토록 나를 불렀구나

일주문 앞에 차를 세워 두고 월정사로 가는 길

수백 년을 버틴 아름드리 전나무 숲에 눈꽃이 피어 있다

나를 끌고 가는 저 하염없는 눈발…….

눈을 들어 숲을 볼 때마다

팔만사천 번뇌가 눈 속에 묻힌다

월정사에서 묵는 하룻밤,

밤을 지키는 백구가 간간이 짖어대고

전생의 악업을 한없이 핥아주고,

덮어주고, 보듬어 안아주는

눈송이가 고요한 빛 속에 점점이 떠있다

나를 얼마나 씻을 수 있을런지…….

山

산은 붉은 바다였다

불을 토하듯이

숨을 몰아쉬는 하늘의 내려섬

나는 그 아래 눈을 감은

푸른 소나무

붉은 혀 속에 내 몸을

맡긴다 하더라도

나는 끝없이 흔들리는 바다의 새려니

아! 숨이 막혀온다

깊게 내려선 하늘의 벽과

붉게 물든 산만이 나를 채우려니

뚝과 강

개나리, 진달래, 무꽃, 장다리 꽃

차마 잊을 수 없는 이름들

작은 꼬마 아이가 걸어온다

환하게 피어난 숲을 지나

내게 다가온다

나는 이곳에 서있는 사내

그 꼬마 아이를 물끄러미 바라보는 낯선 사람

그 아이가 내게 인사를 하며

환하게 흰 이를 드러낸다

길고도 긴 어둠 속에서 눈이 부시게

쏟아져 들어오는 빛을 보며

흰 이빨의 의미를 생각한다

생명의 시작과 삶에 대한 본능적 욕구

그것이 지닌 본질은

꽃, 꽃의 모습

나는 알고 있으니

그 꼬마가 타고 온 말의 부드러운 갈기를

아흔 아홉 구비의 골짜기를 지나

달려온 그 세월의

견딜 수 없는 존재의 무거움을

빛 속에 진리가 있다고 말할 수 있을까?

빛 속에 진리가 있다고 말할 수 있을까?
뜨거운 태양 아래로 쏟아져 내리는 그 빛 속에서
내 본질의 껍데기를 만질 수 있는 것일까?
투명한 빛 속으로 헤엄쳐 사라지는
사람들의 목덜미를 바라볼 때마다
숨이 차오르며 울컥 화가 치밀어 오른다
또한 내가 살아있다는 이유에서
왜?
그 긴 빛속으로 무거운 그림자가 가라앉은 것일까?
부드러운 깃털 위에
몸을 누이고 시간의 눈을 들여다볼 때마다
나는 내 자신이 초라해짐을 느낀다
모든 시간의 향기 속에서
내 조그만 몸뚱이는 어느새
모래알처럼 지하로 스며들며
천천히 사라져 간다

바다의 입술

그 고운 바다의 입술에

입을 맞추면

죽었던 시간의 꽃이파리도

덩실덩실 춤을 추며

나를 향해 다가서겠지

혹은

빛나는 흰 이빨 속에서

검은 암흑을 굴리는 또다른 시각의

기다림은

철로 위의 삶과 강 위를 떠가는

서울 하늘의 구름을 바람에

띄워 보낼 거야. 끼륵끼륵

하이얀 종이 위에 깨알같이 적었고

그 위로 또다시 쓰여질 글자들을

생각하며, 잃어버린 시간을 찾고

허공에 떠도는 말들을

나는 여전히 생각한다

경마장 가는 길

경마장으로 가는 길은
언제나 야릇한 흥분과 건초더미의 풀냄새로
이국적인 정취를 풍긴다
사람들은 시간이 되면 하나, 둘
거리를 헤매이다 경마장 스탠드에 자리를 잡는다
이제 시간이 되었다
나는 슬며시 연인의 손을 풀어주고
말이 달려나간 허공을 주시한다
저만치 앞서간 흑마의 갈퀴가
파도처럼 하늘에서 흔들린다
사람들의 탄성 속에서
삶에 지친 육신의 고단함이
물을 차고 뛰어올라 눈부신 銀魚가 되고
어느새 나는 놓았던 그대의 손을 꼭 쥔다
저기 요란한 천둥소리와 함께 흑마가 달리고 있다

내가 아닌 말

나는 말이다

나는 말이었다

나는 말처럼 달리고 싶다

내가 말이었던가 아니다

단지 말이고자 했을 뿐

말이 달려온다 힘찬 달음박질로

무섭게 달려와 내 몸 속의 내가 된다

내가 달린다

헤드라이트 불빛 번쩍이는 차보다도

더 빠르게 이 거리의 밤을 질주한다

매끄러운 裸婦의 유혹마저

한줌 바람으로 날려보내고

제2부

낯선 육체

그들이 남겨 논 것은

작은 농구공과

먹다 남은 빵 부스러기

그곳에

너는

그들이 남겨 논

작은 농구공과 빵 부스러기처럼 남아 있다

너는 던져질 운명처럼

농구공을 창밖으로 내던졌다

그러자 개미들이 몰려와

빵 부스러기를 들고서

벽 틈 사이로 사라졌다

여름 그리고 여자

여름을 지냈던

수영복은 빨랫줄 위에 걸려있다

가슴을 드러내고 태양을 향해 누워있던

도시의 여인들은

서늘한 바람과 함께 지붕 밑으로 숨고

더 이상 펼쳐지지 않는

파라솔만이 솔기가 헤진 천을 늘어뜨린 채

텅 빈 옥외 수영장을 지킨다

부드럽게 등을 떠밀던 물결의 입맞춤은

이제 살갗에 남아있지 않다

사람들은 떠났다

물 뺀 수영장을 뒤로한 채

하나, 둘 사라져 갔다

이 도시 어디인가로

도시를 바라보며

나는 걸어가며 사람들로부터 버려진

생각의 파편들을 줍는다

무심코 바라보는 사람들의

생기 없는 눈동자

그들의 검은 장갑이 까마귀처럼

줄 위에 걸린 채 바람에 흔들리고 있다

시간의 속삭임과

눈을 뜨는 새들의 비상

아직도 나에겐

눈부신 과거의 기억이 남아있다

地震에 맥없이 무너지는 도시의 빌딩과 다리들

그 속에 나의 기억이 있다

변신

내가 그들을 향해 다가서면

그들은 어느새 얼굴을 일그러뜨리며

나를 경계한다

그렇다, 너희들의 세계는

철 지난 과일처럼 쉽게 잡을 수 없는

고상한 것이다

너희들은 이미 알고 있다

내가 누구인가를

너희들은 두터운 학식과 권력으로

너희들만의 단단한 城을 세웠다

그곳을 향해 끊임없이 오르고자

노력하는 이들은

처참히 쓰러지고 무너질 것이니

아! 비참한 인생들의 몰락이여

버러지 같은 육신이 속절없이 썩어가는구나

신도림역에서

누군가 내게 다가와

영문자가 적힌 카드를 건네 준다

내가 떠나갈 역은 COEX

카드 위에도 COEX

그 놈은 내 마음을 읽고 있다

처음부터 그 놈의 눈빛이

마음에 들지 않았다

짙은 눈썹 밑으로 그림자가 드리워져 있다

나는 전철에 몸을 싣는다 삼성역을 향해

그는 어느새 바람처럼 나를 따른다

긴 신호음이 울리고

지하철이 멈추면 굶주린 사람들이

나를 밀치며 걸어 나온다 그 안에

그 놈도 있다 또다시 어둠 속으로

사라져가는 지하철의 소리

계단을 올라가는 나는

그 자의 먹이이다

Trebilcock의 illusion

1

여름철에 보낸 편지도 아무런 답장이 없이

태평양 너머 그 낯선 세계에서 사라졌다

몇 달이 지난 후 크리스마스 카드를 보냈다

한 해가 끝나가고 있음을 아쉬워하며

보낸 짧은 편지였지만 답장은 오지 않았다

이유는 알 수 없었다

전화를 걸어보고 싶었지만 왠지 용기가 나지 않았다

다시 들려올 다정한 목소리보다는

바다 위로 울려 퍼질 뚜우--우 소리가

두려웠다 그것은 다름아닌

존재의 사라짐을 의미했기에

2

Trebilcock는 없다 그것은

미국에 있는 새도 아니며,

이 땅에 번식하는 파충류도 아니다

시간이 흘러도 살아있을

Trebilcock의 얼굴과 목소리

어디선가 들려올 따뜻한 음성을

시간을 거슬러 듣고 싶다

신촌에서의 서투른 영어,

지하철 안에서의 즐거운 대화

과천 국립현대미술관으로의 화려한 외출

비록 우리의 만남은 짧았지만

그 시간들은 오래도록 내 마음 속에 남아있다

사라지지 않는 빛

즐거운 대화, 내리는 눈

그것은 나의 추억이다

游泳

서서히 떠올라

위를 보면

하얀 형광등이 말끔하게 걸려 있다

그 아래

불룩한 배를 내놓고 떠가는 사람들

아직도 갈 길이 멀기만 한데

은빛으로 번쩍이는 시계줄, 거대한 스티로폼

쓰다 버린 일회용 기저귀, 화장실에 팽개쳐진 신문지

사람들과 물 위를 떠간다

더 이상 발 디딜 곳이 없는데

차라리 물 속에 잠겨

몸을 건드리며 사라지는 물고기떼를

바라보는 것이 속이 편할까

바다를 떠나 하늘로 이어지는

저 많은 쓰레기들은

어디서 온 걸까

물의 사랑

우리는 종로에서 만나

따스한 체온을 교류하고

물이 되어 헤어졌다

도시의 하수구로 흘러드는 썩은 물속에

서로의 말을 내뱉고

공유했던 지나간 시간마저 내동댕이쳤다

물이 되어 어둠 속을 흐르는

너와 나

시간 속에 앉아있다가

우리를 물끄러미 쳐다보던 탁상시계는

허공으로 튕겨 오르고

네가 탄 부산발 무궁화 열차의 기적소리가

내가 누워있는 방으로 성큼 건너온다

우리의 사랑은

언제나 시작만 있고 끝은 없다

깨진 유리잔의 조각도 없고

흘러버린 물도 없다

우리의 걸음 속에 시간이 흐른다

버스에 몸을 싣고
도시의 거리를 질주하면
모든 시간이 멈춰버린 듯
화살이 되어 쏟아진다

버스는 달리고 달려도
마지막 종점에 이를 때면
내가 그 무거운 물체에서
한 발을 내딛는 순간
이제까지의 모든 시간과 공간이
새끼줄 재를 남긴 채
우주의 미아처럼 사라져버린다

그러나 나는
두 발로 힘찬 대지를 박차며
튀어오른다
걸어서 달려오는 주위의 모든 것은

맑게 비치는 눈동자 속으로 스며들고

소음에 찌든 머리 속에

깊이 잠든 삶의 의미를 새겨준다

나는 또 걷는다

아스라히 멀리 사라져갈 길일지라도

두발로 두 팔로 대지를 어루만지며

빼앗겼던 시간의 영원함을

다시금 불러모으기 위해

푸르른 봄날의 종달새처럼 날아오른다

썰물의 순례

평온한 모습으로

언제나 미소를 뿌리던

포구의 정오는

흩뿌리는 빛살에 잠겨 말이 없다

무거운 머리를 이고

거닐던 작은 마을 지나

한없이 펼쳐진 뻘을 향해

다가섰지만

나는 더 이상 한발자국도

움직일 수 없는 철책 앞에 서있다

누가 막아 놓았을까

그것은 다가설 수 없는

반항의 몸짓으로 거친 숨소리를 내뿜으며

부드러운 행위의 根源을

여지없이 부셨다

거치른 회색 뻘의 고요 속에서도

껌뻑이는 실오라기 삶은

언제나 돌아올 수 없는

반복의 선을 그리고 있다

빈 강, 빈 들녘

고양이의 보드라운 살결에 코를 파묻으면

나의 싱그러운 귀는 놀랍게도 생기가 돈다

너의 탄탄한 윤기 속에

일어서는 아름다움의 매혹

불빛이 일렁이는 강 위의 화려한 춤

누구나 너를 볼 때면

물살에 휩쓸려간 혼돈의 밤을 기억한다

역사에 대한

태양의 상상력이 흐려지는 그 순간 속으로

우리의 단련된 두뇌가 빨려들고

끊임없이 밀려드는 청춘은

썩어버린 나뭇잎 냄새를 풍기며 사라졌다

아! 다시 세울 수 없는 사막의 동경이여!

치솟는 욕망의 몰락 속에

시대의 소용돌이가 몰려든다

비 맞은 철교 위에

규칙적인 진동을 전달하는 무리처럼

문을 열고 사람들이 들어온다

문을 열고

사람들이 들어온다

그들은 처음으로 내가

서있는 세계에 발을 들여놓고

인사를 한다

지금은 모든 것이 텅 빈 오후

이제

그들의 기억을 더듬을 수는 없다

소리 없이 내게 다가왔다가

소리 없이 사라져 가는

그들의 얼굴 속에서 나는

나의 기억을 더듬는다

그들이 사라진 문 틈 사이로

시간이 낯설게 웃고 있다

라일락 향기는 밤바람에 날리고

4월의 하늘에 어둠이 내린다

골목에서 뛰어놀던 아이들은
집으로 돌아가고
텅 빈 공터에는 아이들이
흘리고 간 낭낭한 소리만이
떠들고 있다

라일락 향기는 바람에 날려
아이들의 눈속으로 스며들고
집으로 돌아간 아이들은
즐거웠던 한낮의 놀이를
꿈속에서 떠올린다

플라스틱 지뢰

너의 달콤한 속살을
내게 보여주지 않겠니

그 속에
투명한 플라스틱을 밀어 넣고
그 밤이 오기를 기다리겠지

이렇게 비가 내리는 밤이면
임진강 속에 휩쓸려간
시간의 파편들을 떠올리고
그 위를 떠간
눈동자, 다리, 팔들이
잔인한 기억 속에 살아나고

떠가는, 사라져 가는 쓰레기 더미 속에
포성은 계속 울리고
전쟁은 아직 끝나지 않았는데

아쿠아리움의 쏠배감펭

쏠배감펭, 참 낯선 이름이다
나는 너를 알지도 못했다
제주 아쿠아리움에서 유연하게 헤엄을 치던 너는
고향이었던 태평양에 대한 기억이
가물가물하다
너는 사람들의 시선을 한 번에 사로잡았다
연한 붉은색 위에
흑갈색 가로띠로 눈을 사로잡는구나
날카로운 가시처럼 바싹 곤추세운
지느러미는 쌓아 올린 지식의 탑처럼
장엄하고 유쾌하다
하지만 평생을 그곳에서 산다면
너의 인생에 만족할 수 있을까
나는 너를 보며 나를 생각한다

신갈나무

뻐드렁니를 드러내며 웃는

K의 웃음 속에서는

비릿한 쇳소리가 난다

딸랑딸랑

젖은 땅 위에 신갈나무 잎사귀처럼

수북이 떨어지는 시간들

나뭇잎을 스치고 사라지는

바람보다도 더 거친 쇳소리는

오월의 고양이처럼

밤의 장막을 할퀸다

쉬이익

그 소리를 들을 때마다

나는 그녀와의 거친 사랑을 상상한다

밤이면 그들은

1

그들은 밤이면

나의 창에 다가와 서있다

흔들림 없는 시간의 주검으로

나는 언제부터인가

이곳을 떠나고 싶었다

쉼없이 내 신경을 쪼아대는

사람들의 타오르는 시선에서

굳게 닫힌 사무실의 문 앞에서

모래의 흐름처럼 소멸해가고 싶다

2

끝없이 파고드는

그들의 간교한 웃음 속에

가녀린 신경이 나비의 떨림으로

바닥에 차곡차곡 쌓이고

그 위로

짙푸른 불안의 그림자가 다가온다

어디서부터 시작되어

어느 곳으로 떠가는지 모를

무거운 발길은 한없이 흐르는

주라기의 화석이 된 것일까?

문을 두들기는 소리

쿵, 쿵, 쿵 …….

나는 여전히

어둠이 벌레처럼 기어드는

회전 의자에 기대어

말없이 노려보는 그들을 보고 있다

공룡의 사랑

너는 나를 보았지
저 어두운 터널 속을
공룡처럼 사라져가는 지하철 속에서
포도 빛 눈망울로 나를 바라보았지
깊은 의혹의 눈빛으로
너의 눈동자를 채우던 서울의 공기
나는 그 더러운 공기 속에서
숨을 쉬며 너와의 밀애를 즐기지
그것이 우리의 사랑이었음을
그러나
때로는 내 머리 속을 가득 채우는
너에 대한 미련은
가물가물 피어 오르는 물안개처럼
너무 애처롭기만 하고
쉽게 떨쳐버릴 수 없지
사라져가는 공룡처럼

당산철교

황사 낀 사월의 바람은

가끔씩 당산철교 밑에서 불어오는 법

해맑은 그녀의 웃음 속에서

청춘의 사랑은 한없이 꿈틀거린다

아무도 찾지 않는

공터 그늘에서

그저께, 어제의 그녀는 어스름과 함께

어디에도 머물지 않고

라일락 향기를 뿜으며 사라진다

절망이 다가든다

빗속에서 고개를 쳐드는

가엾은 영혼의 울음 소리

너는 언제나 그렇게 먼발치서 보고 있다

도시의 어둠

흙이 무너진

음침한 그곳에선 밤마다

시간이 일어선다

텅 빈 무대의 어둠인양

깊고도 서늘한

눈동자의 눈빛을 생각나게 하는

그 밤, 그 시각

길 위를 걷는

사람들의 발소리가

건너편 벽에 부딪혀 울려오는

그 시간

무덤의 주인들은

시간의 계단을 밟고 천천히 걸어 올라온다

주검이 아니었으리

애타게 사그라드는 사월의 황홀처럼

꺼져가는 사람들의

주검이 아니었으리, 썩어가는 냄새에도

몸을 실어 떠가는 우리에게는

차마 잊지 못할 시간이 아니었기에

어둠이 아니었으리, 어둠이

5월의 빛

균등한 삶의 무게 속에서
날마다 일어서는
무리들의 차가운 어깨에
떠오른 빛이 찾아 든다

낮은 들창을 지나
먼지를 가득 머금은 낯선 시선으로
바라다보는 거리의 빛살

해마다 찾아드는 주검의 꽃들이
깊이 채운 주름진 계곡을 따라 흐르고
천천히 침몰하는 생의 흔적들이
손에 머문다, 부르튼 손에 머문다

해가 뜨고, 달이 지고
해맑은 눈동자가 흐리게 소용돌이 칠수록
시간의 균등한 순례는 끝나가고

바다의 품 안에서 자맥질하던 물새는

빈 들녘의 고요를 생각하며

지친 날개를 접는다

염전에서

바람이 숨죽이는 날은
아무것도 보이지 않아도
광활한 갯벌을 향해 무조건 앞으로 나아간다

염전의 한낮은 깨뜨릴 수 없는
두터운 유리벽 속에 갇힌 채
하오의 햇살에 꽂혀 숨을 헐떡인다

햇살과 바람에 드러난 소금이
하얗게 부서지며 노래를 부른다
그런 날은 서해 바람에 날리는
흰 꽃이 되어
투명한 눈물을 흘리려무나

청춘의 이름들

봄처럼 화사한 눈빛 속에
고양이 검은 눈동자의 부드러움으로
나는 살아있다

무한한 세계에 대한 동경과 기대 속에서
불꽃놀이처럼 터지는
여름 밤의 뜨거운 사랑놀이
눈감은 술래의 귓가를 맴돌며
너희들은 즐거이 재즐대며 달아났지

어깨를 짓누르며
나의 가슴을 무참히 파헤치던
고달픈 삶의 굴레
나는 그래도 날마다 일어선다

코스모스 춤추는 둑길을 따라
바람이 휘도는 강가를 거닐며 꿈을 키운다

그러나 어른들은

거짓으로 물든 간교한 눈빛으로

서슴없이 말한다

"자! 너도 이제 어른이 되는 거란다"

"……."

그래 그것이 우리가 살아야만 할 세계였다

Beeper and Love

나를 둘러싼 모든 것들이

하나 둘 빛을 잃고

자신의 고유한 모습을 잃어갈 때

내 삶의 영역은 허물어져 간다

흔들리는 목소리로 애타게

시간의 강물을 타고 너에게 다가가지만

너의 음성은 차갑게 닫혀 있을 뿐

우리의 대화는 시작도 없다

실체가 없는 공허한 사랑

사물들이 제 힘에 겨워

어둠의 바다 속으로 서서히 가라앉으면

너의 음성은 저 아득한 공간을 헤매이다가

뒤늦게 날개를 접고 어린 날의 꿈속으로 내린다

제3부

싸움의 끝

무슨 일이 일어났는지는

아무도 모른다

숨죽인 풀잎들의 어지러운 흔적과

깊게 패인 타이어 자국만이

치열한 싸움의 끝을 암시할 뿐

그 무서운 싸움이 끝난 뒤에야

비로소 하늘의 구름이 보였다

흰구름 속을 꿰뚫고 사라져가는

새들의 울음 뒤로

흐린 기억들이

도마뱀처럼 몰려와

꽃으로 피어난다

안개 바다

어느새 잠겼다

안개란 놈이 그렇게 빨리
도시를 에워 싼 줄을 미처 몰랐다
별빛은 어느덧 나뭇가지에서 떨어지고
비틀거리는 빛줄기만 거리를 방황한다

사람들은 어디에 숨은 것일까
발길에 채이는 무수한 흰 종이조각
그토록 증오스럽던 군중들의 눈빛이
이처럼 그리워지는 것은 무슨 이유일까

손등이 쓰리다
무엇인가에 물린 듯 빨갛게 부어 올랐다
희미한 안개가 감싸던 그 순간부터
그 알 수 없는 벌레들은
사방에서 기어나와 태양을 갉아먹고 있다

조금씩 찌그러져 가는 태양 속에

너의 얼굴이 걸린 채

어둠의 무리를 부르고 있다

우우우 우우…….

안개는 어둠이 깊어져야만

그 자리를 물려준다 그리고

사람들은 모든 걸 잊는다 하얀 안개 속으로

서서히 가라앉는다

달과 여인

바다는 밤사이 달아난

하이얀 여인을 훔쳤다

달빛이 떠밀리는

환한 달밤에

여인을 삼키고 토할 줄 몰랐다

저 멀리 섬만 고개 돌려 바라보는데

그림자 숨은 빛은 없다

하이얀 여인은

낮을 밤을 삼아

달음질쳐 나아가는데

언제나 그 자리 푸른 파도

달이 바다 위에 오르면

검은 손 너울거려

얼굴 가득 그려본다

밤에 떠난 하이얀 여인을

국립도서관

비가 내리는 서초동

국립도서관에서

창 밖을 본다

너는 언젠가 어둠 속에서

달콤한 밀어를 속삭일 때

내게 이렇게 말했지

"비가 좋아"

그때는 여름을 재촉하는

비가 내리고 있었어

우리를 적시는 비가

수많은 기억의 저장고를 지나

오래된 책이 빼곡히 꽂힌

서가를 지나 내리고 있었어

잠에서 깨어나면

잠에서 깨어나면
맨 처음 너는 욕실로 들어가
거울을 보고
덜 익은 밤의 껍질을 벗겨낸다

지하로 내려가는
너의 하루는 직선 아니면 곡선

수요일 아침 7시 45분

누군가 네게 던진
은밀한 눈빛에
부르르 몸을 떨며
지난밤의 껍질을 더듬는다
검은 창에 비친 그 눈빛을

꽃이 전하는 말

이렇게 비가 내리는 밤

다시 한번만

너의 붉은 꽃술을 열어주지 않겠니

그러면

부드러운 내 입술로

너를 열고

빗속으로

걸어 들어 갈 텐데

저 차가운 빗속으로

한 순간

비록

짧은 시간이었으나

우리 이대로 멈추었으면

흐르는 혼이 되어

떠돌기보다는

푹 꺼지는 혼돈으로

검은 돌이 되었으면

한 순간

가물거리며

저 어둠 속으로

번져가는 여린 숨결처럼

너를 느끼며

네가 나에게 무심코 던진 말은

다시 돌아오기 전에

허공에서 산산이 부서져 파도가 된다

나를 질식 시키는

뜰 앞의 라일락 향기

돌아오지 않는 시간들 속의

낯선 얼굴들, 사라져간 사람들의 웃음

지하로 내려가는 가벼운 발걸음들

네가 나에게 던진 말은

은밀하게 다가와

만질 수 없는 꽃향기가 되어

허공에 은은하게 퍼진다

傳說

바다의 비늘 속에서

소리 없이 숨을 쉬었는지도 모른다

귓가에 맴도는 전설은 망각 속에서 묻히고

더 이상 그 바다가 나를

기다리지 않으리라 생각했다

아무것도 바다에게 은밀한 미소를

뿌리지 않았고 시간은 태평스럽게

강물을 거슬러 올라가 항구에 닿았다

하지만 어느 날 우연히

비밀스런 언어의 웃음이 숲속에서 들려왔다

달콤한 목소리로 부르는

그 곱고도 아름다운 소리가

빛 잃은 잠결 속에서 들렸을 때

견딜 수 없는 전율이

바다에서 하늘로 치솟으며 파도처럼 덮쳤다

그리고 영영 알 수 없는 시커먼 어둠의 구멍 속으로

내동댕이쳤다

4월

내 감각이 살아있는 그 시간

나를 둘러싼 사물들은

서서히 일어나

비밀의 문을 지나

벽 사이로 사라진다

어느 밤

거리를 배회하던 운명의 神은

달 뜬 4월에 미쳐

바다로 뛰어들고

울부짖던 검은 개는

꼬리를 내리고

어둠 속의 물이 된다

내 감각이 살아있는 그 시간

너를 기다리는 동안

긴 시간 속을 쉬임없이

내리는 눈속에서

그 눈이 하늘로 오르는 공간 속에서

나의 의식은

한없는 추락을 시도하고

하지만 이미

너의 이름을 알고 있다는 것은

존재를 알고 있다는 것일게고

모든 것을 알고 있다고

하늘로 오르는 눈이

내게 소근거린다

너를 기다리는 동안

혼돈의 끝

내 의식을 흐르는

검은 강물은

피아노 건반에 튕겨지는 소리에

부딪혀 포말로 부서진다

부드러운 온기로

손을 내미는 어린 눈 속에

한 마리 표범이 배회하며

내 눈 속에 스민

푸른 우울을 노려본다

도시의 사내가 길을 간다

비 속에 떨며 울고 있는

물방울에 튕겨 오르는

소리에 맞춰

혼자서 길을 간다

우울한 겨울비

11월초 겨울을 재촉하는

가을비인지 겨울비인지 모를 비가

추적추적 내린다

지난 일요일 사방이 탁 트인

사패산 정상에서 느꼈던 시원함은 간 데 없고

엷은 안개 가려진 창밖으로 시야는 가려지고

블랙커피처럼 쓴 우울감이 목까지 차오른다

일이 손에 잡히지 않는다 집중이 되지 않는다

삶이 공허하다는 생각이 풍선처럼 부풀며 가슴을 채운다

또다시 병이 도진다 선거철만 되면 생기는 무기력증이

스멀스멀 일상을 갉아먹는다

날마다 TV에 나와서 떠드는

기러기들과 앵무새들의 합창에

고막이 아프고 눈이 시큰거리는

11월의 어느 날이다

Odyssey 2021

아름다운 몸이군요

당신은 이탈리아제인가요

미켈란제로의 조각

잠이 오지 않는 밤, 우리는 어딘가로

흘러가죠

뜨거운 피 속에 흐르는

그것을 억누를 수는 없어요

마티니에 녹아 있는

후끈한 열기를

오늘 밤 저와 함께 나눈다면

맨하튼의 밤은

11시 소호 거리에서 시작되죠

그리고 당신의 웃음 속에

밤이 유혹이 있다는 것을

나는 진작에 알고 있었으니깐

37도 2부

끈적한 체온이 느껴져 오네요

이 시대의 사랑

우리는 사랑을 하였다
자신이 그려 논 테두리 속에서
그리고 타인들이 바라보는 모습으로
그 속에서 우리가 키우는
사랑의 유희들을 마음껏 되뇌이며
신촌거리를 헤매었다

굴다리 사이의 빛과 어둠

우리는 그 사이에서
짙은 독설을 내뱉었고
처참하게 길 위에 드러누웠다
이 시대의 사랑의 의미와 이 사랑이 지니는
단단한 껍질의 비순수성을 말하며
그렇게 죽어갔다
눈부신 5월의 빛 속에서 몸을 털며
거리를 질주하며 내달렸다

도시철도 1999

저 깊은 우물 속을 들여다 봐

누군가 우리를 보고 웃고 있잖아

저 검은 물 속에서

손을 내밀어

우리를 끌고 가려는

지독한 음모가 보이지 않니

제발 우리를 그대로 놔둬

이제 시간이 떠가는 데로

그냥 이렇게 내버려 둬

너희들의 시간은 이제 끝났으니깐!

밤비

그 밤 소리에 잠겨

차가운 빗속으로 나를 묻었네

질척이는 거리에서 손가락을 움찔거리는

초라한 몰골로 물 위로 떠가는

시간의 잔해를 물끄러미 바라보았지

그곳에는 이미 따스한 살의 그리움은

남아있지도 않았고, 추잡한 증오와

풀 속에서 꿈틀거리는

달뜬 욕정만이 스멀스멀 목덜미를 간질였지

그리고 또다시 시간이 다가왔겠지

문을 떠밀고 서서히 일어서는

그 의미 없는 표정들의 반항이

시작되는 시간이

제4부

Y의 삶에 대한 테제(These)

너를 바라보면

나도 모르게 은근한 미소가 떠오르고

너에게 배인 향내를 느낄 수 있다

- 나는 타인의 시선을 의식한다

좁은 공간 속에서

삶을 헤아리는 인간들의 두뇌를 바라보려고 하면

나는 숨이 막힌다

- 행복의 척도는 무엇인가 -

너에겐 여유가 시간의 줄기를 타고

내가 서있는 이 장소에

진한 위스키 원액처럼 퍼져 흐른다.

나른한 취기와 망각된 침실의 줄타기

차라리 나는 그러한 삶이 부럽기만 하다

어느 때 어느 순간이라도

아무런 주저없이 가볍게 손을 휘저으면

빨간 지갑 속에서

빼꼼히 고개를 내미는 지폐의 여유 있는 미소

나는 그러한 것이 좋다

누군가 지니지 못한 풍요로움과

무엇인가에 쫓기지 않는 삶의 단단한 껍질이

그렇게 부러울 수가 없다 언제나 삶을

두 쪽으로 부서버릴 듯 날카로운 눈초리로

쳐다보는 내 마음속의 붉은 눈동자에게 이젠 안녕!

4월의 바람

바람이 심하게 부는 날

먼지 바람이 온 벌판을 뒤덮는다

4월이 되면 황토색이 더해가는 하늘가로

새들이 날기를 주저하고

사람들의 발길도 외출을 스스로 잠근다

모든 것이 죽어 있는 봄

빛은 찬란하게 하늘을 뒤덮어도

끝없이 펼쳐진 벌판의 황사바람은

올해도 어김없이

빈 내 가슴을 훑고 바다로 사라진다

계절은 언제나 같은 풍광을

내 앞에 펼쳐 놓는 데

시간의 흐름 속에 흐르다 무심코 돌아온

나는 이미 멈추어 버린 시간의 혼돈 속에서

4월의 흙이 되었다

바람에 날리는 한줌 흙이 되었다

말테의 거리

사람들은 이 도시로 몰려든다

밤이면 새들도

날개를 접는 이 도시의 그림자 속으로

꾸역꾸역 모여든다

그들은 삶의 미묘한 맛을 잊지않았다

앉으면 높아지고 일어서면 내려서는

비탄의 일상사를 결코 잊지 않았다

그러나 그들이 몰려드는 도시에는

살기 위한 귀퉁이의 자리도 던져진지 오래고

썩어가는 냄새의 진동만이

살아있음의 유일한 증거이다

살기 위하여 몰려드는 도시의 거리에는

병원의 냄새가 거리 곳곳에 넘치고

더욱이 여름에는 사방에서 냄새가 난다

요오드 포름 냄새, 불안의 냄새가……．

바다

그토록 다가서기를
갈망하던 바다의 오후는
뿌려 논 비늘의 화려한 웃음으로
나를 맞아주었다

먼 강, 서늘한 그늘의 푸른 우울로
도시의 귀퉁이를 맴돌던 나는
밤마다 일어서는 환영들과 함께
이곳에 왔다

하늘을 나르는 새들은
힘에 겨워 공간 속에 잠을 자고
드넓은 흰 모래밭은
눈부신 어깨를 수목 사이로 드러내었다

아찔한 공허가
나의 폐부를 꿰뚫고

쉴 새 없이 바닷바람을 장난치며

염전으로 쫓았다 그런 유희 속에

황혼은 주검처럼

몸부림치며 다가오고 있었다

자가용 족

나는 난간에 기대어 파란 자가용을 향해 다가서는
가냘픈 너의 허리가 투명한 햇살에 부서지는 것을 보았다
씁쓸한 쑥내음이 치밀어 오를 듯이
성난 목구멍을 뒤쫓고 맥 풀린 흐린 눈동자가
또다시 머물렀다

너의 가느다란 허리를
부드러이 감싸는 사내의 여유로움
알맞게 그을린 태양의 상상력이 넓은 이마에
차가운 바람으로 머물고
난간에 우윳빛 우울로 매달린
나의 팔은 소리 없이 흔들렸다

떠나가는 차창의 두 그림자
나는 또다시 뒤돌아 선 채
더위의 흔적으로 가라앉고 있었다

투쟁

고단한 잠에서 깨어나

바라본 창 너머로

숨을 죽이며 서있는 한 무리가 있다

몰려드는 빛과 꽃의 향기를

곱게 접어 넣은 채

투명한 봉지를 들어 보인

너희들의 눈 속에는

날마다 꺼지지 않는

두터운 암흑의 질감이 강하게 엉겨 있다

차가운 아침 공기를

가득 들이마신 생활의 빠른 걸음이

도시로 몰려들면

색 바랜 여배우의 입술 속에서

호기심 어린 탐욕의 눈빛으로

너희는 바라본다

언제나 끝나지 않는

공간 속에서의 처절한 투쟁

또다시 빠른 몸놀림으로

반격을 시도하는 능숙함이

피곤한 저녁의 끝을 유혹할 때면

돌아갈 곳을 잃은 우리들은

거리를 헤맨다 어디인가에 숨어 있을

너희들을 찾아 추격자가 된다

서늘한 여름

바람이 흐르지 않던 날부터

5월의 끝은 알 수 없는

무상함에 잠기고 있다

파랗게 피어 오르던 잎사귀가

따가운 햇살의 동경과 기대를

잊어버린 채, 사그라드는

퇴조의 여울에 휩쓸려

시린 비를 맞고 있다

뜨겁던 태양의 반란

거리의 인파를 내몰던

여름의 전설은

시작을 알 수 없는 두려움 속에

어둠처럼 기어나와

바다의 정적 속에 가라앉는다

두터워지는 비의 커튼 속에 몸을 가리우고

발목을 조여드는 물살의 휘감김에

고이 머리 숙이던 침묵은

무참하게 쇳소리를 내뿜으며

철교 밑으로 휩쓸려 갔다 그리고

여름은 뜨겁지 않았으며

심장은 차갑게 식어갔다

길

홀로 서 걷던 길

나만이 간직한 이야기를

황폐한 하늘에 그려가며 걷던

그 마지막 추억의 끝

오늘은 저쪽을 향해

내일은 이쪽을 돌아

바람의 심술로 휘젓고 오르지만

언제나 마음은 한줄기 강물

인적 없는 벌판을

말없이 흐르는 강물 위로

떠가는 물새처럼

나는 언제나 머물 수 없는 사랑 하나

시간의 끝이 잠드는 그곳을

가벼운 마음으로 찾아 떠나는

나의 어리석음은

늘 보이지 않는 그들의 놀림감이다

그들은 그렇게 나를 바라본다

늘 같은 표정으로 똑같이 이어지는 길을

이제는 빈 수레의 바퀴로

떠나려 한다

출 신

내가 그늘 바람 속으로 왔다는 것을
그 집은 알고 있을까?

밤의 소음이 집을 에워싼다
그러자 차가운 초록색 대문을 지나
친구들이 말없이 떠나간다
그들을 나는 벌써 잃어버렸다

시뻘건 대장간의 불길 속에서 망치질하던
그도 나는 오래 전에 잊어버렸다

개의 죽음

쉴 새 없이 파헤쳐지는
삶에 대한 반항의 흔적이
검은 흙더미 되어
하늘로 오른다

쉽사리 이별을 맞이하고
곱게 숨을 삼키던
무너진 시간들이 바람처럼 흐르고

등줄기에 후줄근한 땀내음이
어둠의 깊이를 헤아리며
먼 발치에서 다가든다

어디로 간 것일까
차가운 살 한 덩이 남기고
쌀푸대에 실려간 개의 인생

뒤돌아 서는 어깨로

무겁게 눌리는 곡갱이의 질감이

개의 주검처럼 어둠을 누른다

흔들리는 불빛속에 아른거린다

선, 너에게

너는 어느새 내게 그처럼 다가왔다

하늘을 흐르는 별자리의 아름다움으로

떠나는 지하철 역내에서

달콤한 생활을 입안에 굴리며

즐거운 듯이 다가서던 한 가닥 웃음

떠밀리는 무더운 동굴의 절반이

징그러운 소리를 내뱉고

길게 이어진 사람들의 발길에

사라지는 달콤한 생활의 윤기와

입안에 고이는 침묵

너는 어느새 그처럼 동굴 속을 떠나갔다

어둠 속에 모닥불을 피우던

원시적 생명 속으로

그처럼 떠나갔다

퇴근길

닫힌 공간 속에서 날개를 퍼득이는 새처럼

풀이 죽은 너의 푸른 얼굴 속에 핀

불안의 곰팡이가 내걸린 등불 위에 묻어난다

흔들흔들 왠지 몸을 비틀고 싶은

저녁 퇴근길의 여유로움

정류장에 서있다가 버스를 타고

하나 둘 떠나가는 그림자들

너의 뒷모습 속에 불 꺼진 사무실의 정적이

무거운 택배상자처럼 밀려오고

하강 승강기의 불빛이

멈추길 기대하는 초라한 우리의 상상력은

또다시 차량의 경적소리에 달아난다

신호등 깜빡이는 건널목에서

너는, 라일락 꽃향기에 취한 채

무한한 夢幻의 고리속에서 잠들고 있다

그리고 천천히 군중속으로 사라져간다

꽃밭의 동경

하얗게 떠있는 바람처럼

싱그러운 파란 꽃이

손을 흔들며 천천히 걸어온다

어둠이 짙은 암흑 속에서

떠날 줄 모르는 길목에 다가들면

꽃은 그렇게 말없이 흐른다

한없이 멈추어 주지않는

뜨거운 흐름 속에

하나 둘 고개를 쳐드는 꽃불

낭랑한 웃음으로 달려온다

빈 동경의 그늘진 어스름이

눈을 치켜 뜨는 그런 시간에

한줌 차가운 바람으로 다가든다

여름의 기억

그래,

너는 언제나 그대로였지

모든 바람의 무리가

산을 타고 강을 재빨리 훑을 때도

맥 빠진 어깨 위로

복숭아빛 속살을 드러냈지

잎사귀가 초록빛 진물이 들고

시원한 나무 그늘 아래 드러누운

여름이라는 사내가 건드려도

아무 말도 못했지

그것이 우리의 투명한 삶의

마지막 희망이었으니깐

누가 하늘을 보며 바다라 했을까

아니, 왜 어머니라 불렀을까

나는 그것을 믿을 수 없어

이곳에는, 이 땅에는

어디에도 그런 것이 존재하지 않았으니까

海松

너무나 많은 시간이

녹색의 굵은 호두껍질 속으로

물들이며 사라져갔다

하늘을 향해 내던져진

야구공처럼

모래 속에 파묻힌 파편의 형상이

소리 없이 나를 향해 발길을 돌린다

빈 도시의 어스름

사람들은 떠난 지 오래고

뜨거운 태양의 전설은

파묻힌 지 오래도록 소식이 없다

기다리던 너의 소식은

간 곳이 없다

모두들 그렇게 떠나갔는데

불어오는 바람의 등살에 떠밀려

산 너머 오솔길을 밟고 사라졌는데

그리운 이름들은

하늘에 걸린 채 내릴 줄 모른다

떠오르는 햇살의 부드러움도

이제 먼 고향의 포근함으로

가슴에 머물 수가 없다

언제나 빈 마음 태우는

푸른색 불안일 뿐이다

달

나의 삶은 여러 번

어두운 터널 속을 통과하였다

먼지가 두터운 층을 이루도록

많은 시간이 구름처럼 스쳐 지나간다

언제나 다가설 수 없는

미로의 끝에서

의미 없는 미소를 띠우는

너를 바라보며

잠을 설치며

밤하늘의 달을 책상에 새겼다

깊게 패인 그늘 속에서

그렇게 언제나 우리는 혼자였다

새들의 멈추지 않는 날개 짓에도

서울의 밀려드는 자가용은 헐떡이며 기어갔고

나의 굶주린 시간은

끝 모를 목적지를 향해 거친 숨을 내쉬었다

그리고 더 이상

눈을 뜨지 않았다 그저

흐르는 바람의 숨결에 고개를 숙일 뿐

아무도 눈을 뜨지 않았다

낙타에게

네 앞에 놓인

모래바람 부는 사막을 사랑해라!

그것이 너의 존재 이유이다

사막이 없다면

낙타라는 이름이 합당할까?

네가 가진 혹이 혹시라도 짐이 된다면

그 혹을 자랑스러워 하라

그로 인해 너는 더욱 낙타답다

모래바람을 헤치고

걸어가는 너의 오래 참음과 견딤이

너를 더욱 빛나게 하리니…….

저자: 이장영

서울에서 태어나 집안의 문학적인 분위기에서 성장하였다. 유년기와 청소년기를 책으로 가득 채워진 서가에서 틈나는 대로 한국문학 및 세계문학 책을 탐독하며 국내 뿐만 아니라 외국 문학에 대한 시야를 넓혔다. 한양대학교와 연세대 대학원에서 독일 문학을 전공한 후 '칼 크롤로브의 자연시에 나타난 현실과의 교류가능성'으로 석사학위를 받았다.

1999년 시문학으로 데뷔 후 첫 시집 '기억의 그늘'을 출간하였고 이번에 두 번째 시집을 내게 되었다. 시의 경향은 어느 한쪽으로 치우치지 않고 다양한 주제를 다루고 있으며 여러 가지 형식의 실험도 시도하고 있다. 각종 사회문제에도 각별한 관심을 기울이며 어떻게 하면 우리 사회가 좀 더 나은 방향으로 발전할 수 있을까를 고민하고 있다.

아쿠아리움의 쏠배감펭

펴낸날 / 2021년 12월 31일
지은이 / 李張永
펴낸이 / 이장영
펴낸곳 / 도서출판 교원사
등록번호 / 265-98-00716
주소 / 인천광역시 서구 마전로 99번길 17, 404호
전화 / 010-7416-7127 팩스 / 0504-016-7127
E-mail / rhiejang19@gmail.com
ISBN   971- 11- 969194- 2-9

ⓒLee Jang Young, 2021 Printed in Seoul, Korea

저작권의 보호를 받는 저작물이므로 저자의 서면동의 없는 무단 전재나 복제를 금합니다

값 10,000원